Mein allererster Bildatlas

mit Illustrationen von Linda Edwards

Texte: Ruth Brocklehurst
Gestaltung: Doriana Berkovic

Kartograf: Craig Asquith

Wissenschaftliche Mitarbeiter:
Prof. Rex Walford
Dr. Margaret Rostron
Prof. Michael Hitchcock

gondolino

Inhalt

Das Universum

Wir leben in einem Universum, das so groß ist, dass wir es uns kaum ausmalen können. Daher müssen wir uns die Welt zunächst im Kleinen und dann im Großen vorstellen.

Eine Stadt besteht aus Straßen mit Häusern, Geschäften, Schulen und anderen Gebäuden.

Städte

Die Menschen leben an ganz unterschiedlichen Orten auf der ganzen Welt. In den Städten leben sie meistens in Häusern oder Wohnungen. Richtig große Städte nennt man Großstädte.

Länder

Die Erde ist in verschiedene Länder unterteilt, die meistens aus Dörfern, Städten, Ackerland oder Wildnis bestehen.

In diesem kleinen Land gibt es Städte, Felder, Berge und Sandstrände. Nicht alle Länder sind Inseln wie diese hier.

Der Planet Erde

Ein Land ist nur ein kleiner Teil des Planeten Erde. Die Erde ist eine riesige Gesteinskugel, die im All kreist. Ein Teil der Erde besteht aus Festland, welches von riesigen Meeren umgeben ist.

Die Sonne ist ein Stern, der Licht und Hitze ausstrahlt.

Dieses Bild zeigt alle Planeten des Sonnensystems.

Das Sonnensystem

Die Erde ist einer von neun Planeten, die um die Sonne kreisen. Das Ganze nennt man das Sonnensystem. Die Erde ist der einzige Planet, auf dem Menschen und Tiere leben.

Das Universum

Die Sonne ist einer von Trillionen Sternen im Weltall. Eine große Gruppe von Sternen nennt man Galaxie. Die Sonne gehört zur Galaxie der Milchstraße. Alle Galaxien im Weltall zusammen bilden das Universum.

In einer klaren Nacht kann man Tausende Sterne sehen.

Was sind Landkarten?

Auf Karten sehen wir Städte und Länder aus der Luft. Diese wirken dann oft viel kleiner als sie in Wirklichkeit sind. Ein Buch wie dieses, mit vielen Karten, nennt man einen Atlas.

Mithilfe von Raumfahrzeugen, so genannten Satelliten, werden im Weltraum Fotos von der Erde gemacht.

Dieses Satellitenbild zeigt einen Teil von London.

Wie entstehen Karten?

Kartenhersteller nehmen oft Luftaufnahmen als Vorlage für ihre Karten. Sie vermessen auch den Boden, um die exakten Abmessungen und Entfernungen herauszufinden.

Was können wir auf Karten erkennen?

Auf den Karten werden nur die wichtigen Details abgebildet. Oft verraten uns eingezeichnete Farbtöne, Symbole oder kleine Bilder mehr über eine bestimmte Gegend.

Diese Bildkarte zeigt denselben Stadtteil wie das Satellitenbild oben.

Die Erdkugel

Da die Erde kugelförmig ist, kann man auf einem Foto immer nur eine Seite der Erde sehen. Kartenhersteller können mithilfe eines Modells der Erde die ganze Erdkugel so zeigen, wie sie tatsächlich aussieht. Dieses Modell nennt man einen Globus.

Dieses Satellitenbild aus dem Weltraum zeigt eine Seite der Erde.

So würde es aussehen, wenn man die Erdoberfläche abschälen würde.

Die aufgeklappte Erde

Um ein flaches Kartenbild der gewölbten Erde zu erhalten, wird die Kugel aufgeklappt und in der Ebene abgebildet.

Ein lückenloses Kartenbild

Die aufgeklappte Karte hat jedoch einige Lücken. Daher müssen manche Teile gedehnt oder gestaucht werden, um ein lückenloses Kartenbild zu bekommen.

Das ist eine aufgeklappte Karte. Auf S. 28-29 findest du eine Weltkarte ohne Lücken.

Länder und Städte

Es gibt mehr als 190 Länder weltweit. Die Stelle, an der zwei Länder aneinander stoßen, heißt Grenze. Auf den Karten in diesem Atlas sind die Ländergrenzen mit roten Punktlinien eingezeichnet.

Grenzen

Viele Ländergrenzen verlaufen entlang von Flüssen oder Gebirgsketten und sind manchmal mit Zäunen oder Mauern markiert.

Einige Grenzen haben Schranken, an denen Grenzposten die Ein- und Ausreise kontrollieren.

Papua-Neuguinea hat mehr als 700 solcher kleiner Inseln.

Inselgruppen

Einige Länder wie Papua-Neuguinea bestehen aus vielen Inseln. Auf den Karten in diesem Atlas sind diese Grenzen um die Inseln herum im Meer eingezeichnet.

Kannst du diese Dinge auf den Karten finden?

Big Ben

Parthenon

St. Basilius Kathedrale

Die verbotene Stadt

Eiffelturm

Großstädte

In Großstädten leben die Menschen oft dicht gedrängt und arbeiten oder wohnen in Hochhäusern, die man Wolkenkratzer nennt. Die schwarzen Punkte ● auf den Karten markieren die größten Städte.

In Wolkenkratzern braucht man wenig Platz, um Hunderte von Menschen unterzubringen.

Das ist das Weiße Haus in Washington D.C. in den USA, in dem der Präsident der USA lebt und arbeitet.

Hauptstädte

Die Menschen, die für ein Land verantwortlich sind, arbeiten in den so genannten Hauptstädten. Dort gibt es große und beeindruckende Gebäude. Hauptstädte sind mit schwarzen Quadraten markiert ■.

Straßenfeste

In einigen Städten werden Straßenfeste gefeiert, so z.B. der Karneval. Die Menschen verkleiden sich und tanzen auf den Straßen.

Zum Karneval tragen die Menschen originelle, bunte Kostüme.

Blaue Moschee

Winterpalast in St. Petersburg

Der schiefe Turm von Pisa

Oper von Sydney

Freiheitsstatue

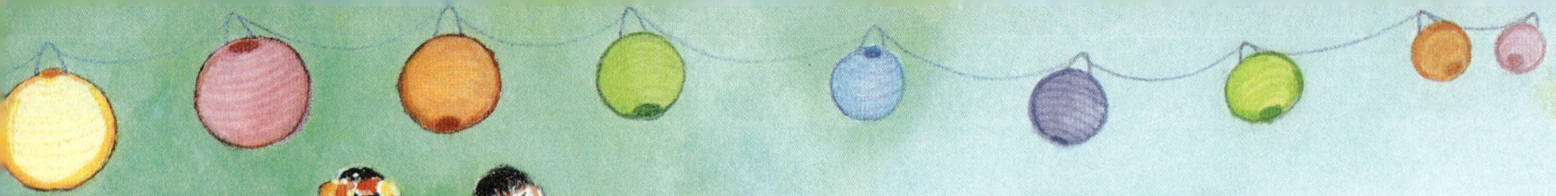

Menschen

Auf der ganzen Welt leben viele Millionen Menschen. Das Aussehen, die Sprache und die Kultur dieser Menschen können von Land zu Land sehr unterschiedlich sein.

Festkleidung

In einigen Regionen tragen die Menschen zu besonderen Festen die traditionelle Kleidung ihrer Vorfahren. Diese Kleidung wird auch als Tracht bezeichnet.

Japanische Kinder tragen bei Festen und besonderen Anlässen Kimonos.

Religionen

Eine Religion bezeichnet ein bestimmtes Weltbild. Manche Menschen glauben an einen Gott, andere an mehrere Götter. Die meisten Religionen haben heilige Stätten oder Gebäude, wo die Menschen beten oder nachdenken.

In Jerusalem in Israel gibt es viele Plätze, wo Christen, Muslime und Juden beten.

Kannst du diese Menschen auf den Karten finden?

Stamm der Guarani

Zulu-Tänzer

Sitar-Spielerin

Rugbyspieler

Dudelsack-spieler

Musik und Tanz

Viele Länder haben ihre eigenen Musik- und Tanzstile. In manchen Regionen gibt es sogar spezielle traditionelle Instrumente.

In Spanien tanzt man zur Gitarrenmusik Flamenco.

Chinesen essen meistens mit Stäbchen.

Essen

Weltweit gibt es die unterschiedlichsten Speisen und alle möglichen Koch- und Essgewohnheiten. Nahrungsmittel werden über lange Strecken transportiert, sodass man heute Gerichte aus der ganzen Welt probieren kann.

Gemeinsame Interessen

Trotz aller Unterschiede haben die Menschen auch viele Gemeinsamkeiten. Und durch Reisen, Fernsehen, Telefon und Internet lernen die Menschen sich immer leichter kennen.

Überall auf der Welt trifft man sich zum Fußballspielen.

Conga-Trommler

tibetanische Mönche

Hopi-Tänzer

Mädchen mit Poncho

American Football-Spieler

Reisen

Heutzutage gibt es viele Fortbewegungsmittel. Man kann zu Luft, zu Land oder zu Wasser reisen. Die Reisen dauern jedoch unterschiedlich lange.

Jumbo-Jets können mehr als 600 Passagiere transportieren.

Der japanische Hochgeschwindigkeitszug fährt wegen seiner speziellen Form besonders schnell.

Langstrecken

Flugzeuge und Eisenbahnen können eine große Anzahl Menschen über lange Strecken und mit großer Geschwindigkeit in die ganze Welt bringen.

Auf dem Amazonas sind viele Menschen mit dem Kanu unterwegs.

Flussfahrten

In dichten Wäldern gibt es nur wenige Straßen. Flussfahrten sind dort die bequemste Reiseart.

Kannst du diese Dinge auf den Karten finden?

Korbboot

Wüstentruck

Traditionelle Dschunke

Transsibirische Eisenbahn

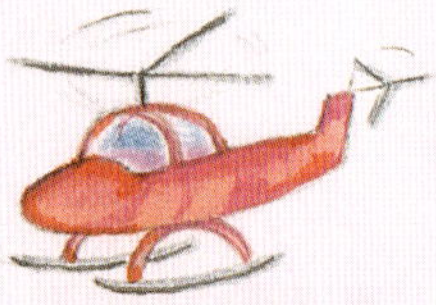

Helikopter

In die Pedale treten

Auf den vollgestopften Straßen in China und Indien fahren viele Menschen mit Fahrrädern und Rikschas, statt mit Autos.

Rikschas werden von Menschen zu Fuß oder auf Fahrrädern gezogen. Rikschas sind so schmal, dass sie nicht im Stau stecken bleiben können.

Kinder fahren hinten auf dem Schneemobil mit.

Fahrten in Eis und Schnee

In schneereichen Gebieten bewegen sich die Menschen mit Schneemobilen und Schlitten fort. Schneemobile haben keine Reifen, sondern Kufen, mit denen sie leicht über den Schnee gleiten.

Eine Stadt im Wasser

Ein Kanal ist ein künstlich angelegter Fluss. In Venedig gibt es statt Straßen Kanäle, auf denen die Menschen mit Booten durch die ganze Stadt fahren.

Viele Menschen in Venedig fahren mit Booten, den so genannten Gondeln, die sie mit langen Stangen voranstoßen.

Eis und Schnee

Die weißen Flächen auf den Karten markieren Gebiete, die mit Eis und Schnee bedeckt sind. Die kältesten Gegenden der Welt sind die Arktis im Norden und die Antarktis im Süden.

Seeschwalben verbringen ein halbes Jahr in der Arktis und die andere Hälfte in der Antarktis.

Die Pole

Der nördlichste Punkt der Erde ist der Nordpol. Von dort geht es immer nach Süden. Der Südpol liegt auf der anderen Seite der Erdkugel.

Pinguine stehen zusammen, um sich gegenseitig warm zu halten.

Eisbären haben ein dickes Fell zum Schutz gegen die Kälte.

Immer getrennt

Pinguine und Eisbären können einander in freier Wildbahn nicht begegnen, da Pinguine in der Antarktis und Eisbären nur in der Arktis leben.

Kannst du diese Dinge auf den Karten finden?

Eisfisch

Buckelwal

amerikanische Forschungsstation

Polarfuchs

Samen

Diese Eskimokinder tragen traditionelle Parkas.

Warme Kleidung

Menschen in Eisgebieten müssen sich warm anziehen. Zum Schutz gegen die Kälte tragen die Eskimos in der Arktis dicke Mäntel, die Parkas heißen.

Forscher im Schnee

Die Antarktis ist eine große, kalte Insel. Wissenschaftler aus der ganzen Welt arbeiten dort in Forschungsstationen, um das Wetter und die dort lebenden Tiere zu erforschen.

Forscher messen die Temperatur am Himmel mithilfe eines Thermometers, das an einem Wetterballon angebracht ist.

Eisbrecher sind riesige, starke Schiffe. Sie brechen das zugefrorene Meer auf, um anderen Schiffen den Weg frei zu räumen.

Eismeer

Es gibt kein Festland am Nordpol, aber ein Großteil des Meeres ist das ganze Jahr zugefroren. Im Sommer schmilzt ein Teil des Eises und riesige Eisbrocken brechen weg. So entstehen die Eisberge.

Wüsten

Flamingos über der Atacama-Wüste.

Die gelben Flächen auf den Karten markieren die Wüsten. Wüsten sind trockene Gegenden mit viel Sand und Fels. Nachts ist es dort kalt und tagsüber sehr heiß.

In einer Sandwüste bildet der Wind Sandhügel, die man Dünen nennt.

Wüstenrekorde

Die Sahara in Afrika ist die größte Wüste der Welt. Die trockenste Wüste ist die Atacama-Wüste in Chile. Dort hat es seit 400 Jahren nicht mehr geregnet.

Oase

Eine Oase ist ein Ort in der Wüste, wo es Wasser gibt und Pflanzen wachsen. Menschen und Tiere kommen hierher, um zu trinken.

Diese Menschen holen Wasser aus einer Oase.

Kannst du diese Tiere auf den Karten finden?

Fennek

Wüstenspringmaus

Blauzungenskink

Skorpion

Klapperschlange

Durstige Tiere

Kamele können eine Menge Wasser auf einmal trinken und damit eine Woche auskommen. Sie sind in vieler Hinsicht für ein Leben in der Wüste geeignet.

Kamele können ihre Nüstern schließen, sodass kein Sand hineinwehen kann.

Kamele haben breite Hufe, damit sie nicht im Sand einsinken.

Pflanzen in der Wüste

Wüstenpflanzen überleben auf unterschiedliche Weise in solch trockenen Gebieten.

Viele Wüstenblumen blühen nur, nachdem es geregnet hat.

Kakteen speichern Wasser in ihren Stämmen.

Wüstenvölker

Viele Wüstenvölker leben nicht an einem Ort, sondern ziehen mit ihren Tieren auf der Suche nach Wasser und Nahrung umher.

Die Beduinen sind ein Wüstenvolk. Einige leben in Lagern wie diesem hier.

Felder und Wiesen

Weideflächen sind flache, weite Ebenen, auf denen viel Gras wächst. Sie sind auf den Karten hellgrün eingezeichnet. In den verschiedenen Teilen der Welt wachsen unterschiedliche Arten von Gras.

Safaris

Die afrikanischen Grasebenen nennt man Savanne. In der heißen Trockenzeit ist das Gras trocken und goldfarben. Auf Safaritouren kann man die dort lebenden Wildtiere beobachten.

Löwen verbringen die meiste Zeit schlafend.

Grasfresser

Viele Savannentiere, wie z.B. Zebras und Antilopen, sind Grasfresser. Sie leben in großen Herden, um sich vor Raubtieren wie Löwen zu schützen.

Eine Gruppe Zebras nennt man eine Herde.

Kannst du diese Tiere auf den Karten finden?

Kängurus

Guanako

Büffel

Giraffe

Erdmännchen

Sattes Grün

In Nordeuropa und Neuseeland ist das Wetter oft kühl und regnerisch. Das Gras dort ist saftig grün und ideal als Weideland für Kühe und Schafe.

Schafe liefern den Farmern Wolle und Fleisch.

Reitende Cowboys, Gauchos genannt, treiben die Kühe zusammen.

Die Pampas

Die Grasebenen in Südamerika heißen Pampas. Farmer halten dort Tausende von Kühen auf so genannten Ranchen. Die Kühe werden wegen ihres Fleisches und ihrer Milch gehalten.

Landwirtschaft

Die größten Weizen- und Getreidefelder der Welt liegen in Russland und Nordamerika. Dort wird das Getreide mithilfe großer Maschinen geerntet.

Mähdrescher sind riesige Maschinen, die Weizen und anderes Getreide ernten.

Löwe

Großer Ameisenbär

Afrikanischer Elefant

Antilope

Nandu

Wälder

Die dunkelgrünen Flächen auf den Karten markieren die Wälder. In den verschiedenen Teilen der Welt gibt es unterschiedliche Waldarten.

Die Tannenzapfen der Nadelbäume werden von Eichhörnchen gerne gefressen.

Nadelbäume

Nadelwälder wachsen in kalten Gegenden mit schneereichen Wintern. Nadelbäume haben lange, dünne Blätter, die Nadeln. Sie bleiben das ganze Jahr über grün.

Nirgendwo gibt es so viele Pflanzenarten wie in den Regenwäldern.

Tropische Regenwälder

Regenwälder wachsen in regenreichen Gegenden, in denen es immer heiß ist. In diesen feuchten Wäldern gibt es riesige Bäume, dichte Büsche und Millionen Tiere.

Kannst du diese Dinge auf den Karten finden?

blauer Morphofalter

Gürteltier

Rotfuchs

Waschbär

Anakonda

Der Winterwind fegt die Blätter von den Bäumen.

Bäume im Winter

In Gegenden mit mildem Klima verlieren viele Bäume im Winter ihre Blätter. Bevor sie abfallen, werden sie rot und golden.

Im Frühling wachsen neue grüne Blätter.

Wie alt ist ein Baum?

Das Alter eines Baumes kann man herausfinden, indem man die Ringe im Baumstamm zählt. Jeder Ring bedeutet ein Jahr.

Wenn ein Baum gefällt wird, kann man am Baumstamm seine Ringe sehen.

Riesenpandas fressen nur Bambus.

Bambuswälder

Riesenpandas leben in Bambuswäldern in den Bergen Chinas, wo der Bambus besonders hoch und kräftig ist. Insgesamt gibt es nur etwa 600 frei lebende Riesenpandas.

Grizzlybär

Wildpilze

Holzfäller (Waldarbeiter)

Schimpanse

Tukan

Das Gebirge

Berge sind hoch gelegene Felsregionen. Ihr höchster Punkt heißt Gipfel. Kleine Bergsymbole auf den Karten markieren die höchsten Berge.

Skilifte bringen die Skifahrer auf einen Berg und wieder hinunter.

Schneegipfel

Je höher man kommt, um so kälter und windiger wird es. In hohen Gebirgslagen ist es so kalt, dass dort keine Bäume mehr wachsen. Auf den höchsten Gipfeln liegt sogar im Sommer Schnee.

Klettertiere

Viele Bergtiere wie Ziegen und Schneeleoparden können hervorragend klettern. Sie besitzen außerdem ein dickes Fell, das sie vor eisigen Winden schützt.

Mit ihrem hellen Fell können sich Schneeleoparden sehr gut tarnen.

Gewaltige Berge

Mehrere Berge nebeneinander nennt man eine Gebirgskette. Die Anden in Südamerika sind die größte der Welt.

Einige Bauern in den Anden halten Lamas, um Wolle zu produzieren.

Mithilfe spezieller Seile und Haken finden Kletterer auch kopfüber an Felsvorsprüngen Halt.

Klettern

Der Mount Everest ist der höchste Berg der Welt. Viele reiselustige Abenteurer zieht es nach Asien, um diesen schwierigen Gipfel zu besteigen.

Gebirgsvögel

Einige Vögel, wie z.B. Adler und Kondore, leben hoch oben in den Bergen. Sie bauen ihre Nester auf Felsen und schmalen Felsvorsprüngen.

Kondore legen ihre Eier dorthin, wo kein anderes Tier sie erreichen kann.

Kannst du diese Dinge auf den Karten finden?

Weißkopfseeadler

Mount Everest

Jak

Gämse

Habichtskauz

Flüsse und Seen

Diese Menschen überqueren den Titicacasee in einem Schilfboot.

Die dunklen Linien und Schattierungen auf den Karten markieren Flüsse und Seen, die aus Regen- und Schmelzwasser bestehen. Viele Städte liegen in der Nähe von Flüssen und Seen, die auch Lebensraum zahlreicher Tiere sind.

Ein Bergsee

Der höchstgelegene See der Welt ist der Titicacasee in Südamerika. Dort fertigen die Menschen Boote aus Schilf, das direkt am See wächst.

Der Flusslauf

Flüsse entspringen in den Bergen und münden stromabwärts in einen See oder ins Meer. Durch das Flusswasser wird das Felsgestein allmählich ausgehöhlt, wodurch Gräben bzw. Täler entstehen.

Der Colorado in den USA fließt durch das tiefste Tal der Welt, den Grand Canyon.

Ein heiliger Fluss

Für viele Menschen ist der Ganges in Indien ein heiliger Ort. Besucher aus der ganzen Welt kommen hierher, um in seinem Wasser zu baden.

Das weiße, schäumende Wasser eines Wasserfalls fließt extrem schnell.

Anlässlich religiöser Feste baden die Menschen im Ganges.

Ein Wasserfall

Ein Wasserfall entsteht, wenn ein Fluss über einen steilen Abgrund fließt und die Wassermassen in die Tiefe stürzen.

Am Nildelta in Ägypten leben zahlreiche Krokodile und Reiher.

Schlammige Mündungen

Wo der Fluss ins Meer mündet entsteht eine breite, schlammige Ebene, das Flussdelta. Dort leben viele Vögel, denn der Schlamm enthält reichlich Pflanzen und kleine Fische zum Fressen.

Kannst du diese Dinge auf den Karten finden?

Wasserschwein

Piranha

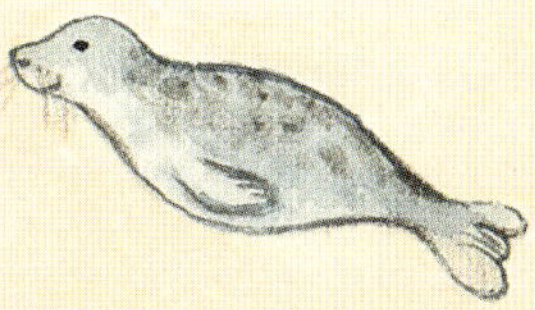

Kaspische Seerobbe

Nilpferd

Feluke

Meere und Ozeane

Fische in einer größeren Gruppe werden Schwarm genannt.

Mehr als die Hälfte der Erde ist mit dem Salzwasser der Meere und Ozeane bedeckt. Es gibt drei große Ozeane und viele kleinere Meere, die auf den Karten blau gekennzeichnet sind.

Das Meeresleben

In den verschiedenen Meeresgebieten gibt es die unterschiedlichsten Tiere und Pflanzen. Riesentintenfische leben in großer Tiefe, Krebse und Garnelen leben in Küstennähe im Flachwasser.

Blauwale sind die größten Tiere der Welt. Ein ausgewachsener Blauwal wiegt etwa so viel wie 20 Elefanten.

Einige Fischerboote verwenden riesige Fischernetze.

Fischfang

Menschen fangen Fisch, um ihn zu essen oder zu verkaufen. Manche verwenden Angeln, aber die meisten Fischer fahren mit großen Netzen aufs Meer, um größere Fischmengen zu fangen.

Kannst du diese Dinge auf den Karten finden?

Roter Schnapperfisch

Falterfisch

Grüne Schildkröten

Taucher

Seepferdchen

Tropenriffe

Korallenriffe sehen wie Meerespflanzen aus, bestehen aber aus Tausenden kleiner Lebewesen, den Korallen. Das Große Barrier-Riff bei Australien ist das größte Korallenriff der Welt.

Korallenriffe entstehen in warmen, seichten Gewässern und bieten vielen Tropenfischen einen Lebensraum.

Die Windsegel der Surfbretter sorgen für noch mehr Geschwindigkeit.

Wassersport

Viele Menschen lieben es, am Strand herumzuplanschen oder schwimmen zu gehen. Manche surfen auch auf hohen Wellen oder gehen zum Tauchen, um Fische zu beobachten.

Frachthäfen

Häfen sind Städte am Meer, in denen Schiffe beladen und entladen werden. Riesige Schiffe transportieren die unterschiedlichsten Dinge rund um die Welt, wie z.B. Lebensmittel oder Treibstoff.

Schiffe werden mit großen Kränen beladen und entladen.

Delfine Marlin Riesentintenfisch Garnelen Blauhai

Die Erde

Die Erde besteht aus sieben großen Teilen, den Kontinenten. Diese sind auf der Karte in Großbuchstaben geschrieben.

Die kleinen Bildchen auf dieser Karte zeigen einige Weltrekorde.

Die Farbtöne auf den Karten zeigen, wie die Bodenbeschaffenheit in den verschiedenen Teilen der Welt aussieht und wo sich Flüsse, Seen, Meere oder Ozeane befinden.

Nordamerika

STAATEN VON AMERIKA
ATLANTISCHER OZEAN
PAZIFISCHER OZEAN
MEXIKO
Golf von Mexiko
Karibik
Trauben
Los Angeles
Colorado
Grand Canyon
Feigenkaktus
Klapperschlange
Hopi-Tänzer
Rio Grande
weißer Hai
Gila-Riesenechse
Kaktus
See-elefant
Esel
Kuh
Delfine
mexikanischer Sänger
Monarchschmetterling
Mexiko Stadt
rote Schnapper
Chillischoten
Papagei
Maya-tempel
Belmopan
BELIZE
Guatemala Stadt
GUATEMALA
HONDURAS
Tegucigalpa
San Salvador
EL SALVADOR
NICARAGUA
Managua
Kaffeeplantagen
San Jose
COSTA RICA
Panama Stadt
PANAMA
Meeresschildkröte
Brüllaffe
Riesenschildkröte
Galapagos-Inseln (Südamerika)
American Football-Spieler
Cowboy
Mississippi
Chicago
Automobilherstellung
Raddampfer
Niagara Fälle
New York
Washington D.C.
Weiße Haus
Freiheitsstatue
Baumwollpflanze
Jazz-Musiker
Öltanker
Orangen
Erdnüsse
Krebs
Raumfahrtzentrum
Alligator
Havanna
KUBA
BAHAMAS
Marlin
Schlepper
Frachtschiff
Jumbo-Jet
Kreuzfahrtschiff
Tümmler
Taucher
JAMAICA
Reggaesänger
HAITI
DOMINIKANISCHE REPUBLIK
Bananen
Puerto Rico
Inseln über dem Wind
Inseln unter dem Wind
karibische Mönchsrobbe
Karnevaltänzer
Engelfisch
TRINIDAD UND TOBAGO
NORD
OST
SÜD
WEST
Die Erde
NORD-AMERIKA
Diese Karte zeigt, wo Nordamerika liegt.

Südamerika

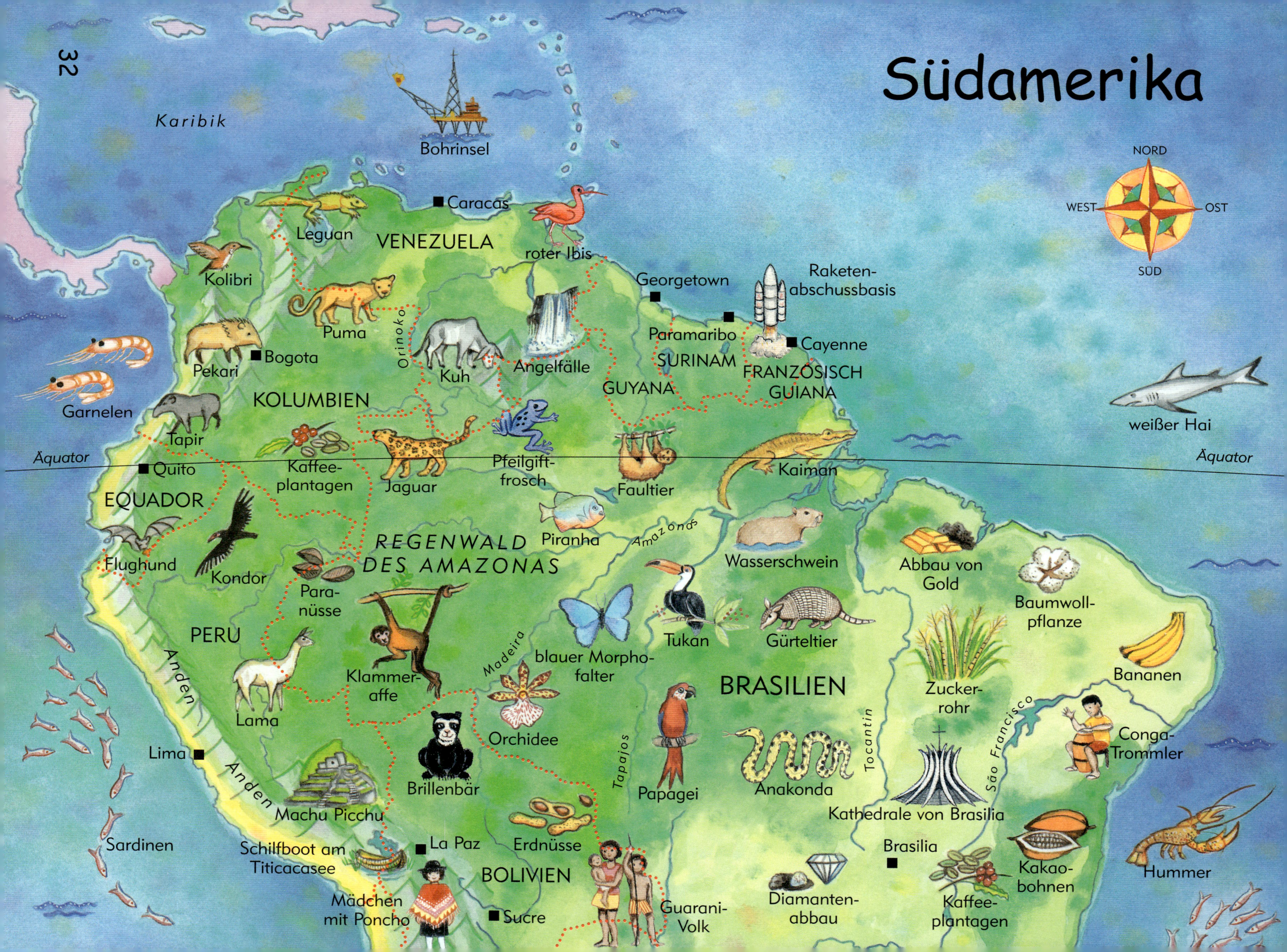
NORD
OST
SÜD
WEST
Karibik
Bohrinsel
Caracas
Leguan
VENEZUELA
roter Ibis
Kolibri
Puma
Orinoko
Georgetown
Raketen-
abschussbasis
Paramaribo
Cayenne
SURINAM
FRANZÖSISCH
GUIANA
GUYANA
Bogota
Pekari
Kuh
Angelfälle
Garnelen
KOLUMBIEN
Tapir
weißer Hai
Äquator
Quito
Kaffee-
plantagen
Jaguar
Pfeilgift-
frosch
Faultier
Kaiman
EQUADOR
Piranha
Amazonas
Wasserschwein
Abbau von
Gold
REGENWALD
DES AMAZONAS
Flughund
Kondor
Para-
nüsse
Tukan
Gürteltier
Baumwoll-
pflanze
PERU
Anden
blauer Morpho-
falter
Madeira
Klammer-
affe
Lama
BRASILIEN
Zucker-
rohr
Bananen
Orchidee
Tocantin
São Francisco
Conga-
Trommler
Lima
Tapajos
Brillenbär
Papagei
Anakonda
Machu Picchu
Kathedrale von Brasilia
Sardinen
Schilfboot am
Titicacasee
La Paz
Erdnüsse
Brasilia
BOLIVIEN
Kakao-
bohnen
Hummer
Mädchen
mit Poncho
Sucre
Guarani-
Volk
Diamanten-
abbau
Kaffee-
plantagen

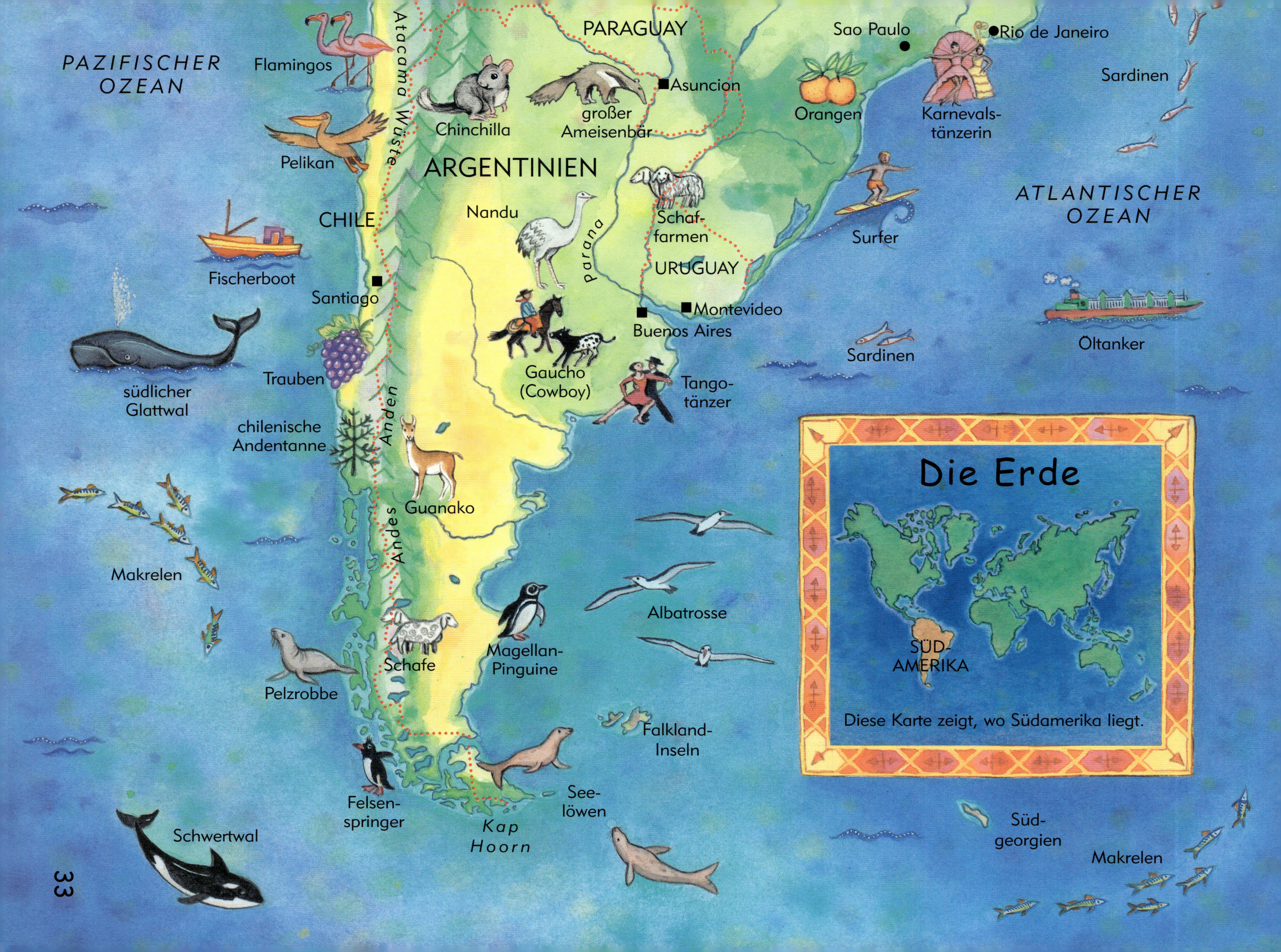
PAZIFISCHER OZEAN
Flamingos
Atacama Wüste
Chinchilla
großer Ameisenbär
PARAGUAY
Asuncion
Sao Paulo
Rio de Janeiro
Orangen
Karnevals-tänzerin
Sardinen
Pelikan
ARGENTINIEN
Schaf-farmen
Surfer
ATLANTISCHER OZEAN
CHILE
Nandu
Parana
URUGUAY
Fischerboot
Santiago
Montevideo
Buenos Aires
Öltanker
Sardinen
Trauben
Gaucho (Cowboy)
Tango-tänzer
südlicher Glattwal
chilenische Andentanne
Anden
Die Erde
Guanako
SÜD-AMERIKA
Andes
Makrelen
Albatrosse
Schafe
Magellan-Pinguine
Pelzrobbe
Diese Karte zeigt, wo Südamerika liegt.
Falkland-Inseln
See-löwen
Felsen-springer
Kap Hoorn
Süd-georgien
Schwertwal
Makrelen

Australien und Ozeanien

Hawaii
Meeres-
nacktschnecke
Mädchen
mit Blumen-
girlande
Surfer
Jumbo Jet
MARSHALL-
INSELN
PAZIFISCHER
OZEAN
Meer-
schwalben
Engel-
fisch
Frachtschiff
Blauhai
NAURU
Muräne
KIRIBATI
Äquator
fliegende
Fische
grüne
Schildkröten
SALOMON-
INSELN
Pagageien-
fisch
TUVALU
Tokelau
Manta-
rochen
SAMOA
Amerika-
nisch-
Samoa
VANUATU
Kokosnuss-
palmen
Wallis und
Futuna
Kokosnüsse
Fischer im
Kanu
Rugby
Spieler
Thunfisch
Bananen
FIDSCHI
TONGA
Niue
Französisch-
Polynesien
Neukaledonien
See-
pferdchen
Cook-
Inseln
Bananen
Schwertfisch
Tahiti
Schnapper
Barrakudas
Riesen-
tintenfisch
Kiwi
Maori-
Tänzer
NEU-
SEELAND
Wellington
Pottwal
Schaf
Hoki-
fisch
Die Erde
AUSTRALIEN UND
OZEANIEN
Diese Karte zeigt, wo Australien und
Ozeanien liegen.

Asien

nördl. Polarkreis
Hering
Eiderente
Eisfischen
Dreizehenmöwe
Luchs
Rentier
Uralgebirge
Moskau
Wolga
Fledermaus
fliegendes Eichhörnchen
Mann mit Pelzmütze
Steinadler
Mais
Honigbienen
RUSSLAND
Blaue Moschee
Astana
Saiga-Antilope
Trampeltier
Istanbul
Schwarzes Meer
Skifahrer
kaspische Seerobbe
Aralsee
Weizen
KASACHSTAN
Ankara
GEORGIEN
Kaspisches Meer
Raumfahrtzentrum
Bischkek
Wüste Gobi
türkische Kebabs
TÜRKEI
ARMENIEN
ASERBAIDSCHAN
USBEKISTAN
Wüstenspringmaus
KIRGISISTAN
Zypern
SYRIEN
TURKMENISTAN
Taschkent
LIBANON
Teppich
Damaskus
Aschchabad
TADSCHIKISTAN
Chinesische Mauer
ISRAEL
IRAK
Teheran
Schakal
Jerusalem
Bagdad
AFGHANISTAN
Kabul
Schneeleopard
JORDANIEN
IRAN
Islamabad
Himalaya
tibetanische Mönche
Jak
KUWAIT
Dattelpalmen
Afghane
PAKISTAN
Indus
Neu-Delhi
Mount Everest
Hyäne
Ölquelle
Ganges
NEPAL
Katmandu
BHUTAN
KATAR
Beduinenvolk
Riad
VEREIN. ARAB. EMIRATE
Maskat
BANGLADESCH
Mekka
Wassertürme
OMAN
Taj Mahal in Agra
Dhaka
Elefantenreiter
Rotes Meer
SAUDI-ARABIEN
Sitar-Spielerin
Mädchen im Sari
INDIEN
BIRMA
Araber
bengalischer Tiger
Sana
JEMEN
arabisches Kamel
Arabisches Meer
Bombay
Rangun
Orchidee
Riksha
Bangkok
NORD
Socotra
Andamen
WEST
OST
SÜD
heilige Kuh
Teepflanze
arabische Fischerboote
schwimmender Markt
Sri Jayawardenepura Kotte
SRI LANKA
Colombo
Öltanker
Malediven
Kuala Lumpur
Äquator
Korallenriff
Rhinozeros
Soldatenfische
INDISCHER OZEAN
Tigerhai
Schnapper

Beluga-
wal
Narwal
Eisbären
Ringel-
robbe
Walross
Lemming
Lena
Schnee-
gans
Beringmeer
Bartrobbe
Riesentang-
wälder
Grönland-
wal
Motorschlitten
Braunbär
sibirischer
Tiger
Ochots-
kisches Meer
Fischerboot
Wildpilze
Seelöwe
transsibirische
Eisenbahn
Pottwal
Seelachs
Ger-Zelt
Ulan Bator
MONGOLEI
Drachen-
herstellung
Gelbkopf-
lund
Mädchen
im Kimono
PAZIFISCHER OZEAN
verbotene
Stadt
Wladiwostock
NORD-
KOREA
Pjöngjang
Peking
Seoul
SÜD-
KOREA
JAPAN
Tokio
Hoch-
geschwindig-
keitszug
Kugelfisch
Weißstreifen-
delfin
Terrakotta-
Armee
Gelber Fluss
Reispflanze
CHINA
Jangtsekiang
Kranich
Sumo-
Ringer
Riesen-
panda
Bambus
Pagode
traditionelle
Dschunke
Taipeh
TAIWAN
Tintenfisch
Die Erde
ASIEN
Diese Karte zeigt, wo Asien ist.
VIETNAM
Hanoi
Hongkong
Vientiane
Südchinesisches
Meer
Seekuh
THAILAND
Manila
Philippinisches
Meer
KAMBODSCHA
Korbboot
PHILIPPINEN
Phnom
Penh
Mantarochen
MALAYSIA
BRUNEI
Ananas
SINGAPUR
Borneo
Mördermuschel
Äquator
Sumatra
Celebes
Orang-
Utan
INDONESIEN
Rafflesia-
Blume
Kokosnuss-
palme
Porzellan-
schnecken
Gummi-
bäume
Neuguinea
Jakarta
Java
Tempel
OST-
TIMOR
Arafura-
see

Afrika

Diese Karte zeigt, wo Afrika liegt.

Fischerboot
Kairo
Ölquelle
Pyramiden
Nil
ÄGYPTEN
Rotes Meer
Feluke
Fennek
Nubische Wüste
Flaschenkürbis
Krokodil
Khartum
ERITREA
Asmara
SUDAN
ÄTHIOPIEN
DSCHIBUTI
Addis Abeba
Landschild-kröte
Akazien-baum
Wiedehopf
arabische Fischerboote
INDISCHER OZEAN
NORD
WEST
OST
SÜD
SOMALIA
ENTRAL-IKANISCHE EPUBLIK
Rhinozeros
Zucker-rohr
Lobelie
Kokosnuss-palme
DEMOKRATISCHE REPUBLIK KONGO
UGANDA
Zebra
Mogadishu
Kaffee-bohnen
Kampala
Viktoria-see
Äquator
KENIA
Nairobi
Kofferfisch
Kongo
Gorilla
RUANDA
BURUNDI
TANSANIA
Löwe
Sansibar-Falterfisch
Fregattvogel
Dodoma
Daressalam
Mandrill
SEYCHELLEN
Hammerhai
Geier
afrikanischer Elefant
Gewürz-nelken
Gepard
MALAWI
Orient-Süßlippe
SAMBIA
Lilongwe
Lusaka
Sambesi
Giraffe
Fingertier
Harare
Erdferkel
SIMBABWE
Affenbrot-baum
Antananarivo
Viktoriafälle
MOSAMBIK
BOTSWANA
MADAGASKAR
MAURITIUS
Oktopus
Kalahari-Wüste
Nektarvogel
aborone
Pretoria
Maputo
Katta
Johannisburg
SWASILAND
Bloemfontein
Zulu-Tänzer
LESOTHO
Qualle
SÜD-AFRIKA
Trauben

Europa

NORDPOLARMEER
nördlicher Polarkreis
Schwert-
wal
ISLAND
Reykjavik
heißes
Schlammloch
Blauwal
ATLANTISCHER
OZEAN
Kabeljau
Buckelwal
Färöer-
Inseln
Fjordpon
Shetland-
Inseln
Bohrinsel
Skifahrer
NORWEGEN
Lachs
NORD
WEST
OST
SÜD
Fischerboot
Oslo
Holzkirche
Dachs
Dudelsack-
spieler
GROSS-
BRITANNIEN
Tölpel
Irische
Tänzerin
DÄNEMARK
Kopenhagen
Nord-
see
Dublin
IRLAND
Schafe
Schwein
Big
Ben
NIEDERLANDE
Windpar
Amsterdam
Berlir
Stonehenge
London
Projekt
Eden
Den Haag
Autoproduktior
Brüssel
BELGIEN
DEUTSCHLAND
Frachtschiff
Fähre
LUXEMBURG
Prag
Paris
Apfel
Eiffel-
turm
Muscheln
Trauben
Schloss
FRANK-
REICH
Bern
ÖSTERRE
Austern
Golf von
Biskaya
Croissants
SCHWEIZ
Alpen
SLOWENIE
ITALIEN
Lavendel
PORTUGAL
Kunstgallerie
v. Bilbao
Skifahrer
Gondel
in Vened
Turm von
Belem
schiefer Turm
vonPisa
Madrid
Kirche in
Barcelona
Kreuzfahrt-
schiff
Korsika
Rom
Lissabon
Stier-
kämpfer
SPANIEN
Sardinien
Schwertfisch
Korkeiche
Balearen
St Peters Dor
im Vatikan
Trauben
Orangen
Madeira
Sardinen
Mittelmeer
Sizilien
Vulka
Flamenco-
tänzerin
Kanarische
Inseln
MALTA

Samen
Rentier
Papageientaucher
Flunder
Eisfischen
Schneehase
Auerhahn
Uralgebirge
sibirisches Streifenhörnchen
Vielfraß
Sperber
Habichtskauz
SCHWEDEN
Wildpilze
Luchs
Zobel
Balletttänzer
Elch
FINNLAND
Papierherstellung
Weizen
Ostsee
Biber
RUSSLAND
Helsinki
Stockholm
Tallinn
Winterpalast in St. Petersburg
ESTLAND
Turner
Wildpferde
Sprotten
LETTLAND
Riga
Kuh
Moskau
Mais
Rotfuchs
St. Basilius Kathedrale
LITAUEN
Wilna
Schiffsbau
Minsk
Kartoffeln
WEISSRUSSLAND
Wolga
schwarzer Storch
Babuschkas
POLEN
Warschau
Wildschwein
europäischer Bison
Rotwild
Kiew
Dnjepr
Kosakentänzer
Don
Balalaikaspieler
Kaspisches Meer
Gämse
UKRAINE
Braunbär
SLOWAKEI
Wien
Bratislava
Karpaten
MOLDAU
Chisinau
Sonnenblumen
Budapest
UNGARN
Schloss
RUMÄNIEN
Weltraumteleskop
KROATIEN
BOSNIEN &
Belgrad
Bukarest
Stör
Donau
Schwarzes Meer
SERBIEN & MONTENEGRO
BULGARIEN
Sofia
Festung von Dubrovnik
Trauben
Istanbul
Tirana
MAZEDONIEN
TÜRKEI
ALBANIEN
GRIECHENLAND
Oliven
Athen
Parthenon
Kreta
Oliven
Fischerboot
Die Erde
EUROPA
Diese Karte zeigt, wo Europa liegt.

Die Arktis

Beringmeer
Fischer-
boot
Vulkane
Ochotskisches
Meer
Golf von
Alaska
Walross
Bartrobbe
Motorschlitten
Alaska
(USA)
Chukchi-
Zelt
Chukchi-
see
Wrangel-Insel
Schlittenfahrer
mit Hund
Elch
sibirischer
Tiger
Wolf
Beaufort-
see
Purpur-
reiher
KANADA
Eisbär
Polarmeer-
taucher
RUSS-
LAND
NORDPOLAR-
MEER
Neusibirische
Inseln
Laptew-
see
Lachs
Schnee-
eule
Narwal
Kanada-
Gans
Polarfuchs
Schnee-
schwalben
Helikopter
Luchs
Sewermaja
Semlja
Hermelin
Schneehase
Lemming
Nordpol
Ellesmere-
Insel
Karasee
Ringel-
robbe
Entdecker
Baffin-
Insel
Franz-Josef-
Land
Schnee-
mohn
Eisbär
Novaya Zemlya
nördlicher Polarkreis
Saiblinge
Karibu
Satelliten-
station
Sattelrobbe
GRÖNLAND
Svalbard
Barentssee
Junge
im Kajak
Nuuk
(Godthab)
Moschusochse
Minkewal
Die Erde
DIE ARKTIS
Papageien-
taucher
Schneehuhn
Kabeljau
Reykjavik
ISLAND
ANTARKTIS
Arktis und Antarktis liegen
einander gegenüber.
ATLANTISCHER
OZEAN
Fähre
Fischer-
boot

Die Antarktis

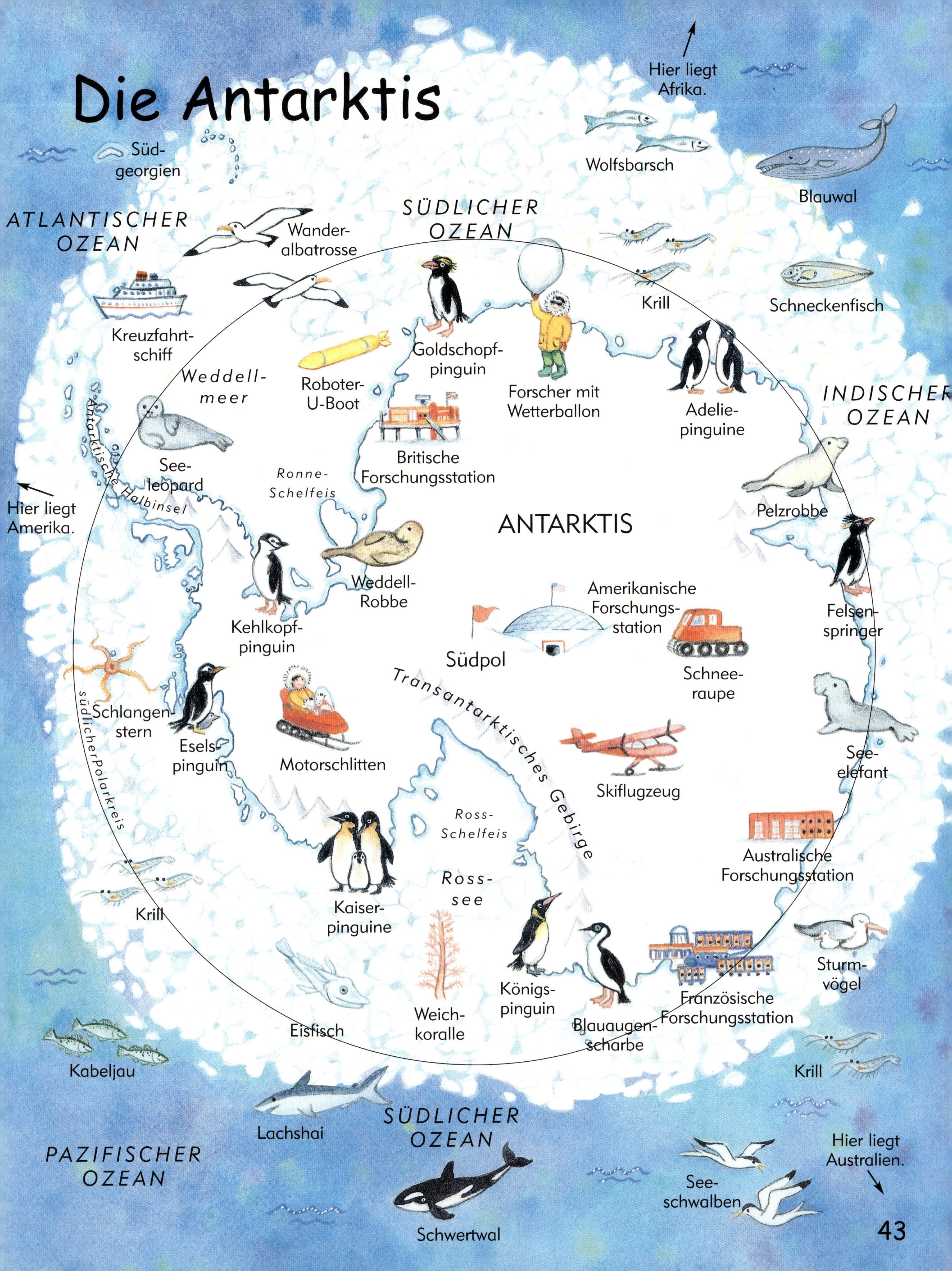

Eine Reise um die Welt

Bist du bereit für eine Reise um die Welt? Schaue dir das Buch noch einmal genau an und versuche dann, dieses lustige Quiz zu lösen. Die Antworten findest du auf Seite 48.

Packe deine Reisetasche!

Eine Reise muss gut geplant werden. Finde heraus, welche Dinge du an welchem Ort brauchst.

1. Bergsteigerstiefel
2. ein warmer Mantel
3. eine Wasserflasche
4. ein Tauchanzug

a. die Arktis
b. der Mount Everest
c. die Atacama-Wüste
d. das Große Barrierriff

Wo ist was?

1. Leben Pinguine in der Arktis oder in der Antarktis?

2. In welcher Stadt in Italien gibt es Kanäle statt Straßen?

3. Welches ist das einzige Land, in dem Koalas und Kängurus frei herumlaufen?

4. In welcher brasilianischen Stadt verkleiden sich die Menschen zum Karneval?

Länderformen

Hier sind einige Reiseziele abgebildet. Kannst du die Länder anhand ihrer Form erkennen?

4.

1.

2.

3.

Alles in Blau

Finde die Namen der Dinge, die alle mit der Farbe blau zu tun haben!

1. Ein Schmetterling aus dem Regenwald des Amazonas.

2. Ein Tintenfisch im Meer rund um Australien.

3. Eine Echse mit einer ungewöhnlichen Zunge.

4. Ein nordamerikanischer Vogel.

Menschen und Völker

In welchen Ländern triffst du diese Menschen?

1. Hopi-Tänzer
2. Mädchen mit Kimono
3. Reggaesänger
4. Zulu-Tänzer

Ortsregister